Eine Woche auf FUERTEVENTURA

Raimundo Rodríguez

RAIS Ediciones

Titel: Eine Woche auf Fuerteventura
Texte und Fotos: Raimundo Rodríguez
Druck und Einband: Tecnographic S.L.
www.tecnographic.net
imprenta@tecnographic.net
Ausgabe: august 2013
Offizielle Registriernummer: GC 1059-2013
Übersetzerin: Yvonne Pröse - yvnabene@gmail.com
Herausgegeben und vertrieben: **RAI Ediciones**. Fuerteventura.
(+34) 928 87 83 09 - 608 15 84 51
e-mail: rai.mundo@jet.es
http://www.raiediciones.es
ISBN: 978-84-92829-14-9
Tecnographic S.L. producciones editoriales
ISBN: 978-84-940549-9-0

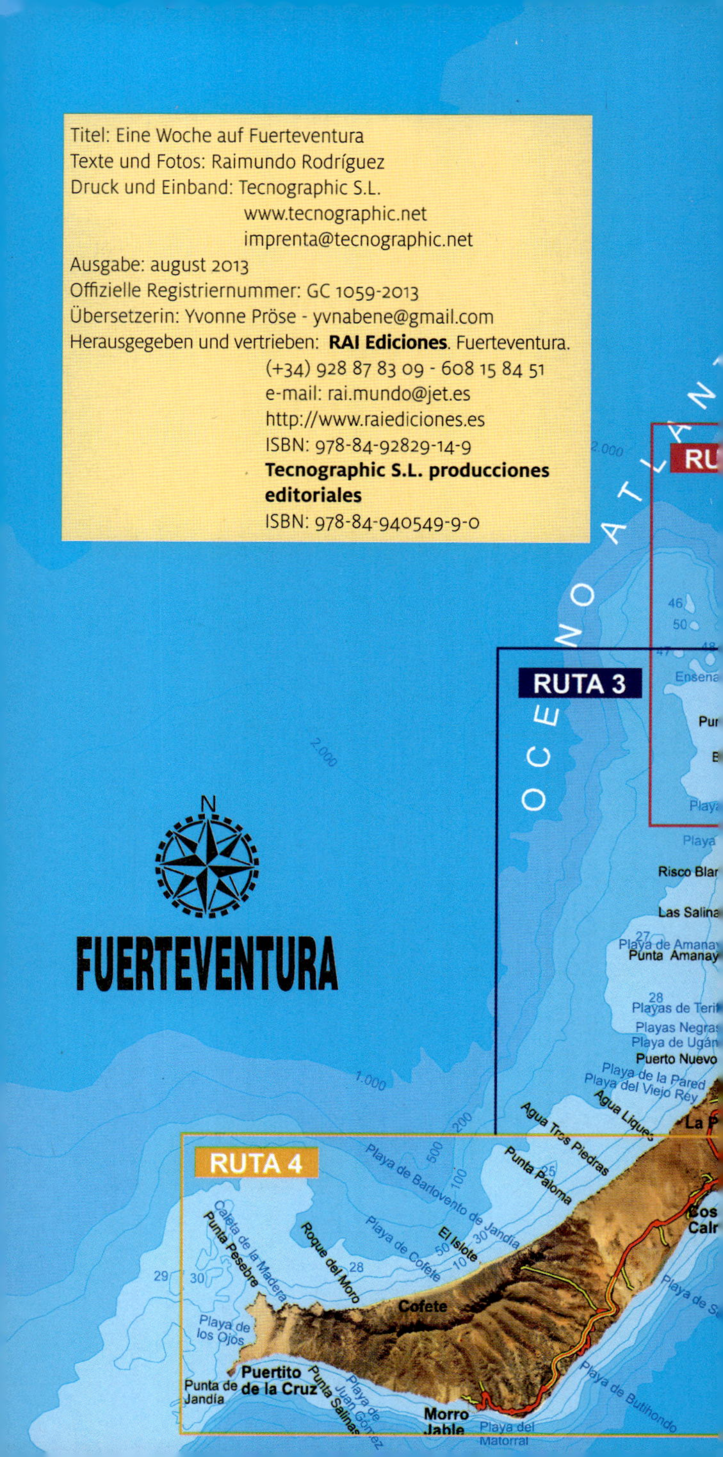

RUTA 1
ESTRECHO DE LA BOCAINA
Punta Martiño
Isla de Lobos
Morro Felipe
El Río
El Puertito
Caleta de Beatriz
Caleta del Marrajo
Punta Aguda
Caleta de la Sebas
Majanicho
Corralejo
Punta de la Ballena o de Tostón
Playa del Médano
Caleta del Bajo
Playa Bajo Negro
Playa del Moro
Playita del Poris
Caleta de El Cotillo
El Roque
Lajares
Playa del Castillo
El Cotillo
Playa del Algibe de la Cueva
Playa del Aguila
Playa de Esquinzo
Villaverde
Costa Roja
Parque Holandés
Playa del Chinchorro
Punta del Tarajalillo
La Caleta
Punta de Paso Chico
LA OLIVA
Playa de Tebeto
30
Caldereta
Tindaya
Vallebrón
Playa de Jarugo
La Matilla
Guisgey
La Juanita
El Puertito de los Molinos
Los Molinos
El Time
Puerto Lajas
500
48
Caleta Grande
Tetir
Tefía
La Asomada
Punta de los Herreños
Playa del Valle
Tesjuate
PUERTO DEL ROSARIO
Aguas Verdes
Llanos de la Concepción
Casillas del Angel
Playa Blanca
Caletones Mansos
Almácigo
Valle de Santa Inés
La Ampuyenta
El Matorral
Playa del Matorral
Triquivijate
BETANCURIA
ANTIGUA
Nuevo Horizonte
Caleta de la Camella
La Vega de Río Palmas
Las Pocetas
Ajuí
Valles de Ortega
Caleta de Fuste
Caleta de la Guirra
Agua de Bueyes
Los Alares
Mézquez
Casillas de Morales
Las Salinas
Toto
Puerto de la Torre
PAJARA
Tiscamanita
Caleta de la Ballena
TUINEJE
Punta del Viento
Ensenada de Pozo Negro
Pozo Negro
Las Casitas
Ensenada de Toneles
Teguitar
Juan Gopar
Ensenada de Jacomar
Tesejerague
Cardón
Peñón del Roque
Las Playitas
Giniginámar
Tarajalejo
Gran Tarajal
La Lajita
Punta Paloma
Playa de Tarajalejo
Punta del Caracol
Playa de Giniginámar
Playa de Agando
OCEANO ATLANTICO

ALLGEMEINES

ROUTE 1

ROUTE 2

ROUTE 3

ROUTE 4

STRÄNDE

NÜTZLICHE FAKTEN (*)

(*) Rabatte und Geschenke

Sonnenuntergang in Co

Willkommen auf Fuerteventura

Ich möchte Ihr Reiseführer auf dieser Insel sein und habe dieses Buch zusammengestellt, um Ihnen die wichtigsten Fakten dieses ganz besonderen Ortes vorzustellen. So entgeht Ihnen bei Ihrem Kurzaufenthalt keiner der geologischen, biologischen und menschlichen Faktoren, welche den Charakter der Insel im Laufe der langen Geschichte, prägten. Eindrucksvolle Strände, die Freundlichkeit der Bewohner und die hier allgegenwärtige Ruhe lassen diesen Ort zu einem der wichtigsten Touristenziele auf den Kanaren warden.

Der Aufbau der Texte ermöglicht Ihnen das Herausragendste von Landschaft, Kulturerbe und Kultur kennenzulernen, zudem die Strände zu genießen und sich den Einkäufen zu widmen. Ich schlage Ihnen vier Autorouten vor, welche ausreichend Zeit bemessen, in Ruhe Landschaften, Museen und Kirchen, etc. zu besichtigen und den ein oder anderen Strandspaziergang vorzunehmen und im Meer baden zu können. Wer dann noch Zeit hat, kann den Tag mit gutem Essen und einem anregenden Sonnenuntergang beschließen. Vor Beginn der Routen vermittle ich Ihnen ein paar Eckdaten zur geologischen Beschaffenheit, Flora, Fauna, Geschichte, Architektur, etc. sodass Sie - mit dem entsprechendem Hintergrundwissen ausgestattet - in der Lage sein werden, die Dinge zu genießen, die Sie an den Folgetagen erwarten. Ebenso rechne ich zwei Strandtage für Sie ein, an Orten welche ich meinen Freunden gern empfehle, damit Sie optimal erholt und sonnen- gebräunt in Ihren Alltag zurückkehren. Zum Ende gebe ich einige praktische Hinweise zur Besorgung jener Produkte, die in meinen Augen eine interessante Erinnerung oder Geschenk darstellen, für Jene die uns Zuhause erwarten.

Eine Woche ist kurz. Ich hoffe, dass sich Ihr Aufenthalt so angenehm, bequem und anregend wie möglich gestaltet, sodass hier für Sie der Anfang einer tieferen Bekanntschaft zu Fuerteventura liegt und der Wunsch in Ihnen geweckt ist, uns erneut zu besuchen.

Bis bald!

Raimundo Rodríguez

(*) Nützliche fakten, seite 71

Geologischer Ursprung

Fuerteventura erhebt sich aus den Tiefen des Ozeans, der Zusammenstoß der Erdplatten warf Erdfalten an seiner Oberfläche auf, welche aus dem Meer traten. Die Insel erhielt später ihre Form durch flüssige Lava, welche sich durch die tiefen Spalten presste. Der heutige für uns ersichtliche Anblick der Insel wurde abschließend durch das Meer und die Umwelteinflüsse geformt.

Die aufgrund der Auffaltung hervorgehobene Erdrinde erreicht ein Alter von 100 Mill. Jahren, die ersten Vulkane 17 Mill.Jahre. Darauf folgten verschiedene Vulkanschübe, die letzten fanden vor wenigen tausend Jahren.

Die unterschiedlichen Erosionsprozesse formten unzählige Täler, Schluchten und spitze Berge. Die großen Sandanhäufungen, sowohl in den Dünen als auch am Strand, werden hierzulande als Jables bezeichnet.

Vulkanröhren: Durch unterirdische Lavaströme geformte Tunnel, welche nach Erstarren an der Erdoberfläche, im Inneren weiter flossen. In Villaverde können wir die Höhle La Cueva del Llano - eine zur Besichtigung hergerichteten Vulkanröhre - besuchen.

Dünen an der Westküste von Jandia.

Die Lava trat hier an den Brüchen (Spaltenausbruch) aus, dessen Verlauf die Struktur und Form der Insel maßgeblich prägten. Diese Spalten bahnten sich ihren Weg durch die bereits vorhandene Materie, die sobald durch Erosion wirkende Prozesse freigelegt, als so genannte „Diques" Bezeichnung finden. Man kann Diese an einigen Stränden und Steilküsten unschwer erkennen. Die Vielzahl von Diques im Zentrum der Insel gehört mit zu den Bedeutendsten weltweit.

Unverkennbar ist die Gestalt der ersten und zugleich höchsten Vulkangebilde, die trotz der intensiven Schleifung des an ihnen wirkenden Erosionsprozesses nicht an Höhe verloren. Eines dieser allein stehenden Gebäude bildet die Halbinsel von Jandía. Die auf ihr vorhandene ausgiebige Anzahl von Diques zerschneiden das Gefüge. Die heutige Insel wurde mit restlichen Teil Fuerteventuras über eine niedrige - erst kürzlich entstandene - Landenge verbunden.

Ein anderer hervorzuhebender Gesichtspunkt in der Formgebung Fuerteventuras sind die reichlich vorhandenen höher gelegenen Fossilienstrände. So geben diese Aufschluss über den schwankenden Meeresspiegel welcher die Küstenlinie fort - und rücklaufartig formte. Auf dem Foto sehen wir im Perfil einen Fossilstrand zwischen marinem Sedimentgestein und Lava jüngeren Datums. Schlucht von Ajuy.

Landschaften

Mit ca. 100 km Ausdehnung in Nord-Südrichtung ist Fuerteventura die längste Insel des Archipels und die zweitgrößte Insel mit einer Oberfläche von 1.660 km², einschließlich der 4,38 km² der Insel Lobos. Der Abstand zum afrikanischen Kontinent beträgt nur 90 km.

Vor der nordöstichen Küste liegt die kleine Insel Isla de Lobos in nur 2 km Entfernung. Die Meerestiefe in der schmalen Meerenge zwischen beiden Inseln liegt zwischen 9 und 13 m (el Río).

Die 10 km breite Meerenge zwischen Fuerteventura und Lanzarote, der sogenannte Estrecho de la Bocaina, hat eine mittlere Tiefe von 35 - 40 m. Die Entfernung zu Gran

Insel Lobos

Canaria beträgt ca. 80 km. Die heutige Landschaft ist das Ergebnis des konstruktiven (Vulkanismus) und destruktiven (Erosion) Schaffungsprozesses.

Im Norden der Insel, dem geologisch jüngeren Teil, befinden sich ein Malpaís (jüngeres und

Krater und Malpais Berg La Arena.

unwegsames Lavafeld) und Gebirgszüge von Vulkankegeln älteren Datums.

Auch im Inneren der Insel, zwischen Tiscamanita und Tuineje, fanden Ausbrüche jüngerem Datums statt und gaben dem Malpaís Chico und dem Malpaís Grande seine Form. Diese Gefüge kommen besonders in den

Malpaís Chico

einzigartigen Ebenen (sie sind gleichzeitig die Größten der gesamten Inselgruppe) im Inneren der Insel zur Geltung. Im Westen der Insel, im Betancuria-Massiv, findet man die drei bedeutendsten Hauptschluchten:
La Peña, Ajuy und Pájara.

Die im Süden gelegene Halbinsel Jandía bildet eine vom Rest der Insel unabhängige

Kessel der Gairía

Berg Caima

Ausblick auf das Malpaís und die zentralen Taler.

Einheit. Sie beginnt bei der Landenge von La Pared, einer nicht sehr hohen und von Sand und Dünen bedeckten Landschaft. Die Strände in dieser Gegend sind nicht nur die längsten und eindrucksvollsten Fuerteventuras sondern auch der gesamten Inselgruppe. Hier finden wir ebenso die höchste Erhebung Fuerteventuras, den Pico de la Zarza mit 807 m. Die Halbinsel ist von zahlreichen großen Schluchten durchzogen.

In der abwechslungsreichen Küstenmorphologie sticht besonders die flächenmäßige

Aussicht vom Pico de la Zarza auf Kamm von Jandía.

Ausdehnung der Strände hervor.

Die wichtigsten Dünenfelder finden wir in Corralejo und in der Landenge von La Pared.

Westküste

Dünenfelder von Corralejo.

Klima

Für das Halbwüstenklima bezeichnend sind die geringe Niederschlagsmenge (140mm jährlich) und die vorherrschenden Passatwinde (NO). Dieses wird jedoch durch die gegebene kalte kanarische Meeresströmung erheblich gemildert und führt zu einer durchschnittlichen Jahrestemperatur von 20,16° C.

Die Kanaren unterliegen aufgrund ihrer subtropischen Lage fast ganzjährlich, vor allem aber im Sommer, dem Einfluss von Hochdruckgebieten: dem Azorenhoch. Da diese Winde lange Strecken über das Meer zurücklegen, erreichen sie die Inseln häufig mit Feuchtigkeit und Salz beladenen Wolken. Das Inselrelief erzeugt zusätzlichen Widerstand was die durchschnittliche Windgeschwindigkeit auf 23 km/h ansteigen lässt.

Zieht das Hochdruckgebiet ab, ändern die Winde ihre Richtung und ihre Herkunft vom Atlantik (aus SO) oder dem Polarwind (aus N oder NO) kommend, welches die Jahrestiefsttemperaturen mit sich bringt. Die tropischen Winde die uns vom afrikanischen Kontinent aus erreichen, werden auf der Insel „Südwetter" oder „Levante" genannt und führen Staub in der Atmosphäre mit sich.

Die relative Luftfeuchtigkeit beträgt zwischen 19% und 38%. Die hohe Zahl der Sonnenstunden liegt bei jährlich ca. 2.800 Stunden. Der Regen fällt spärlich und nur von September bis Mai. Die Temperatur an der Wasseroberfläche schwankt zwischen 18 und 23 °C.

Die Regenmonate lassen Schluchten wie diese in Jarugo ständig gefüllt.

Flora

Die Vegetation auf Fuerteventura ist bedingt durch das Klima relativ spärlich. Ein übriges tut die übermäßige Überweidung und die Vielzahl von mit vulkanischem Material bedeckten Gebieten, was dort eine pflanzliche Besiedlung aufgrund des fehlenden Nährbodens erschwert.

Trotz allem verfügt die Insel über 13 Endemiten (Pflanzen welche nur hier in ihrer natürlichen Form vorkommen). Auf den Kanaren insgesamt gibt es 650 Endemiten auf einer Fläche von 7.200 km² und stellt damit eine der größten botanischen Vielfalten der

Kanarische Palme

Salvia herbanica, endemische Art von Fuerteventura.

Erde dar. Im Vergleich zu anderen europäischen Ländern verfügt z. Bsp. Frankreich mit einer Ausdehnung von 560.000 km² über 100 Endemiten, Großbritannien mit 250.000 km² über 16 Endemiten und Deutschland mit 350.000 km² über gerade mal 6 Endemiten.

Die Vegetation der Kanaren hat sich stufenartig entwickelt, bedingt durch die feuchten Passatwinde

Stumpfblättrige Wolfsmilch

Feigenkaktus

und die Höhenstruktur der Inselgebäude. Die Höhe über Meeresspiegel von Lanzarote und Fuerteventura liegt am höchsten Punkt der älteren Bergmassive bei knapp 700 m, sodass die Passatwinde über die Inseln wehen, ohne Feuchtigkeit abzuladen. Im Gegensatz zu den Wäldern, die wir auf den höheren Inseln des Archipels antreffen dient Fuerteventura als eines der besten Beispiele

Meerestraube

für Halbwüstenhabitate.

In der Vergangenheit war diese Insel die Kornkammer der Kanaren. Der Rückgang der Land- und Viehwirtschaft ermöglicht die gemächliche Erholung bestimmter grundlegend veränderter Pflanzenformen. Heute bietet sich uns ein dynamisches Landschaftsbild, welches sich wieder an die ursprüngliche Vegetation (wie in schlecht zugänglichen Gegenden und / oder in Gebieten mit geringer landwirtschaftlicher Nutzung zu sehen ist) annähert.

Aulaga

Fauna

Zweifelsfrei sind die wirbellosen Tiere, insbesondere die Insekten, die zahlreichsten pflanzlichen Vertreter auf dem Archipel und ganz besonders auf dieser Insel. Auf den Kanaren werden über 5.000 Arten dieser Gruppe

Schildlaus

geführt, von denen etwa 10% heimisch sind. Dieser Prozentsatz erreicht bei Käfern sogar 35%. Unter den auf Fuerteventura aufgeführten Arten stechen insbesondere

Antophorennest in Fossilform.

zwei Arten hervor: eine fossile (Antophoras) und eine lebende (die Schildlaus) welche in der Landschaft von besonderer Relevanz ist.

Im Gegensatz zum Artenreichtum an wirbellosen Tieren ist die Präsenz von Wirbeltie-

Weidensperling

ren ziemlich ärmlich, nur die Vögel zeichnen sich durch einen relativen Artenreichtum aus. Von den Kanaren verfügt Fuerteventura über die höchste Artenvielfalt mit einem wichtigen Prozentsatz an einigen endemischen Brut- und Zugvögeln. Die Inseln befinden sich am äußersten Punkt einer Zugroute und sind strategisch wichtig als

Felsenhuhn

Zwischenstation und Nistplatz. Die Feuchtgebiete der Insel gewinnen damit noch zusätzlich an Bedeutung. Die unbesiedelten Küsten Fuerteventuras, die wenigen Salinen und Staudämme dienen den Vögeln als Wohn-, Schlaf- und Essplatz, wobei die Arten je nach Jahreszeit variieren.

Das besondere schon lange währende Interesse, an der Meeresfauna ist eher praktischer Natur und bezieht sich auf den Fischfang. Allerdings steigt seit einigen Jahren das wissenschaftlich – praktische und technische Interesse an den Fischen. Es gibt ungefähr 390 Fischarten aus 117 Familien. Diese Vielfalt ist bedingt durch die auf den Kanaren vorherrschende Meeresströmung, welche den Salzgehalt und die Temperatur der kalten Gewässer bestimmt, die über reichlich Plankton verfügen.

Zackenbarsch

Neben den Fischen gibt es zahlreiche Schalentierarten: wie Krebse, Camarones, Langusten und Percebes;

Cangrejos moros

Weichtiere wie Miesmuscheln, Kreiselschnecken und Nacktschnecken. Unter den Kopffüsslern sind vor allem die Oktopusse, Kalamaren und gemeine

Fleckendelfine

Miesmuscheln

Tintenfische zu erwähnen. Die häufigsten Meeressäuger sind Delfine und Wale.

Die Amphibien sind durch den gemeinen Frosch vertreten. Bei den Reptilien findet man Eidechsen, Ostkanarenskinks (Endemiten auf Lanzarote und Fuerteventura) und Geckos.

einheimische Ziege

Die hier vertretenen Säugetiere (mit Ausnahme der Fledermaus, welche eigenständig auf die Insel gelangte) wurden, gewollt oder ungewollt, vom Menschen auf die Insel gebracht.

Atlashörnchen

Ostkanarenskink

Geschichte

Historiker können bis zum heutigen Tage keine genaue Antwort geben auf wesentliche Fragen wie „Wer waren die ersten Siedler, woher kamen sie und wann geschah das?" Etwas spärlichen Aufschluss gibt es seit dem 16. Und 17. Jh mit Erstellung der allgemeinen Geschichte, geschrieben von Antonio Espinosa, Leonardo Torriani y Abreu Galindo.

Man geht davon aus, dass verschiedene Einwanderungsetappen über einen relativ großen Zeitraum erfolgten, vielleicht mehrere tausend Jahre vor Christus. Die Herkunft ist wahrscheinlich bei den Berbern, im Maghreb und im Sahara zu suchen, wie aufgrund der grossen Ähnlichkeit beim Häuserbau, der Gestaltgebung der Götzen und der Keramikverzierungen geschlussfolgert wird. In diesem Sinne stünde der Begriff „Guanche", der oft für die Ureinwohner der Kanarischen Inseln gebraucht wird, für ein Völkergemisch aus mediterranen, nordafrikanischen und negriden Siedlern.

Die Einwohner auf Fuerteventura werden bis zum heutigen Tage als Majos oder Majoreros bezeichnet. Da bei den Ausgrabungen bisher keine menschlichen Überreste gefunden wurden, weiß man nicht, wie die alten Bewohner Fuerteventuras ausgesehen haben. Die Mehrheit der Fakten lässt erkennen, dass die Europäer zum Zeitpunkt ihrer Ankunft weder Boote noch Navigationssysteme kannten. Es handelte sich um Höhlenmenschen, welche in natürlichen Höhlen an Berghängen und in Schluchten lebten. Wenn dies nicht möglich war, gruben sie

Ureinwohnerdorf La Atalayita. Tal von Pozo Negro.

Prä-hispansches Beil

hüttenähnliche Gebäude, umgaben diese mit einer Mauer aus aufeinander geschichteten Steinen bis auf Erdhöhe. Das Zimmer wurde dann mit großen Felsplatten in Kuppelform bedeckt und mit Erde verfugt, um das Eindringen von Wasser zu verhindern. Ein Beispiel der Ansammlung mehrerer Hütten ist das gleichzeitig größte und im besten Zustand erhaltene Dorf La Atalayita im Tal von Pozo Negro.

Die Bevölkerung war zu jenem Zeitpunkt rückläufig. Aufgrund ihrer Abstammung kannten die Einwohner zwar die Benutzung von Metallen, konnten jedoch ihre kulturellen Kenntnisse auf einer rohstoffarmen Insel wie Fuerteventura nicht zur Anwendung bringen. Sie betrieben Viehwirtschaft und ernährten sich von Meeresfrüchten, hauptsächlich Schüsselschnecken und Miesmuscheln, wie die großzügige Anhäufung von Schalentiergehäusen im Norden der Insel zeigt.

Die Insel taucht erstmals unter der Bezeichnung Erbania auf, welche sich auf die Mauer bezieht, die das Territorium zweiteilte und eine Grenze zwischen zwei Stämmen bildete. Diese Mauer befand sich an der Landenge von La Pared und trennte die Gefolgschaft von Ayose im Norden und die von Guize im Süden. Später dann, im Jahr 1339 erscheint der Name Forte Ventura auf einer von Angelino Dulcet gezeichneten Landkarte.

Seit dem Altertum und bis zur Eroberung finden die Kanaren mehrfach Erwähnung. Wahrscheinlich ist, das sowohl Mohammedaner als auch die Christen von ihrer Existenz

Keramikgefäss der Ureinwohner.

wussten und weitaus öfter hier anlegten, als sich belegen lässt. Zum Ende des 13.[Jh] wird die Insel aufgrund technischer Neuerungen wie dem Kompass häufig von europäischen Seefahrern besucht.

Diese ersten sporadischen Reisen dienen mehrheitlich dem Sklavenfang, bis die Insel schliesslich durch die Kastilische Krone eingenommen wird.

Aufgrund der Inselreichtümer forderten viele Ritter aus Gewinnsucht die Eroberung der Insel vom Kastilischen König. Einer dieser Adligen sollte der Normanne Jean de Béthencourt sein, der sich mit dem Franzosen Gadifer de la Salle zusammen tat und sich später als erster Eroberer der Insel proklamierte. Die Verkündung Bethencourts, er habe die Insel in Besitz genommen und die Anerkennung des alleinigen Besitzrechts durch den Kastilischen König am 10. Januar 1403 beendet jegliche Expedition zum Archipel. Bethencourt erreicht die östlichen Inseln im Jahre 1402 mit 23 Normannen und 40 Andalusiern. Er zog auf Fuerteventura über den Hafen von La Peña (Ajuy) ein. Die Eroberung dauerte drei Jahre. Es herrschte in jener Zeit nicht etwa ein konstanter Krieg, sondern es handelte sich mehr um ein friedliches Zusammenleben zwischen Eroberern und Eroberten.

Die erste Völkerzählung (zwischen 1440 und 1450) ergibt eine Bevölkerungszahl von 1.200 Personen die sich schwerpunktmäßig in den ersten Siedlungen in und um die Hauptstadt (Betancuria)

Conchero an der Nordküste von Jandía.

Engpass de Mal Paso, Schlucht La Peña, von hier aus begann Bèthencourt seine Eroberung.

niederließen. Die Lehnsherren waren direkt der Kastilischen Krone unterstellt und waren außerdem die Besitzer aller eroberten Inseln. Im 15. und 16. Jh finden die ersten Lehensverkäufe statt und im 17. Jh schließlich festigt sich das Lehen auf Fuerteventura unter der Herrschaft der Häuser Arias und Saavedra.

Während des 16.und 17^{Jh}. fanden mehrere Piratenangriffe statt, deren hauptsächliches Ziel es war sich mit Wasser und Lebensmitteln zu versehen. Nur der Angriff von 1593 durch Xabán de Arráez endete mit einer Invasion der Insel. Fuerteventura unterlag 6 Monate lang diesem Piraten. Nach der Besetzung waren die Haupstadt und deren Archive zerstört. Zum Schutz vor derartigen Angriffen wurden Befestigungsanlagen in El Cotillo und in Caleta de Fuste gebaut.

Unter Phillip II. wird es zur Pflicht, die Verteidigung einem Militärchef zu unterstellen. So entsteht auf der Befehlsleiter die Figur des Coronels. Dieser nimmt aufgrund seiner Position immer mehr Land in Besitz, bis er schließlich nahezu den ganzen Norden besitzt. Zudem wird aufgrund der ständigen Abwesenheit des Lehensherren eine erbliche Herrschaftsform eingeführt (wir sehen seinen Wohnsitz auf der Route 1). Diese Form der Herrschaft sowie die vorhergehende Herrschaft der Lehensherren verschwindet mit der Errichtung der Fürstenräte von Cádiz (1810) und das wirkliche Ende mit der Einrichtung der Rathäuser.

Porträt von Jean de Béthencourt in 1630.

Kulturerbe

Die Aktivitäten der Menschen, die während der letzten Jahrhunderte auf Fuerteventura lebten, haben der Insel ihren Stempel aufgedrückt. Die Summe der materiellen, kulturellen und sozialen Erscheinungen ist das, was wir heute als kulturelles Erbe bezeichnen. Außer bedeutenden Kulturgütern besitzt die Insel eine Unzahl von Orten und Plätzen, die uns Aufschluss über die Geschichte der Insel und die Lebensgewohnheiten ihrer Bewohner geben.

Fehlende Ausgrabungen, verlorene oder unter neuen Ansiedlungen begrabene Zeitzeugen und alte Materialien, die bei Neubauten wiederverwendet wurden, verhindern ein tieferes Eindringen in unsere Geschichte.

Erst ab der Eroberung finden wir Kulturgüter materieller Art, welche unser Kulturerbe wiedergeben.

Die historische Architektur lässt sich je nach Bauelementen in 4 Gruppen unterteilen:

- Religiöse Gebäude
- Gebäude besonderer Bedeutung
- Industrielle Architektur
- Wohngebäude

Religiöse Gebäude. Auf der ganzen Insel verteilt gibt es zwölf Kirchen und ca. zwanzig Kapellen. Die Kirchen entstanden im Gleichzug mit den wichtigsten Ansiedlungen.

Kirche Santa Ana (Casillas del Ángel). *Gebaut zu Beginn des 18. Jh. und später vergrößert. Das Mittelschiff verfügt über ein Satteldach, den höher gebauten Altarraum schmückt ein Walmdach, die Sakristei ist seitlich angebaut. Hervorzuheben ist das Mauerwerk aus schwarzen, behauenen Stein, der halbrunde Säulengang am Eingang und der Zwillingsglockengiebel.*

Kapelle de La Caridad (Tindaya). *Ebenfalls gebaut zu Beginn des 18. Jh. Bescheidenes Kirchenschiff mit Satteldach. Die anliegende Sakristei, das Mauerwerk und der Glockengiebel sind versetzt mit schwarzen Mauerstein.*

Anhand des Reichtums an wertvollen Gegenständen lässt sich zurückverfolgen, wie die wirtschaftliche Lage an deren Standorten im Laufe der Geschichte war. Die Mehrzahl hat aus verschiedenen Gründen wie Bränden und Piratenangriffen wieder errichtet oder auch erweitert werden müssen. Jede einzelne Kirche verfügt über bemerkenswerte Elemente.

Die Kapellen wurden von den Einheimischen selbst errichtet. Deshalb ist die Bauweise meist sehr einfach, die verwendeten Materialien ziemlich ärmlich.

Gebäude von besonderer Bedeutung. Eine Anzahl von Gebäuden, die durch ihren Standort, Nutzung oder Herkunft an Bedeutung gewannen: Friedhöfe, Befestigungsanlagen, Leuchttürme und Lagerhäuser (cillas y taros).

Die ersten Friedhöfe stammen aus dem 19. Jh. Die traditionelle Bauweise: verwendet wurden Stein- und Kalkmauern, verziert mit kleinen pyramidenförmigen Elementen und Kapelle im Hintergrund.

Die Befestigungsanlagen wurden zur Verteidigung gebaut und entstanden ab 1741. Es gibt zwei: El Tostón in El Cotillo und eine in Caleta de Fuste (werden wir auf den Routen besichtigen). Zu Beginn des 20. Jh. wurden vier Leuchttürme gebaut: auf der Insel Lobos, in El Cotillo, Punta de Jandía und La Entallada (an der Küste von Tuineje). Sie sind aufgrund ihrer Struktur einzigartig im Archipel.

Die sogenannten «Cillas» und «Taros» sind zur Lagerhaltung bestimmte Gebäude (wir werden eine Cilla auf der 1. Route besichtigen). Die Taros haben einen ländlichen Anstrich und entsprechen der häuslichen Architektur.

Leuchturm La Entallada

Industrielle Architektur. Mit diesem Begriff beziehen wir uns auf Gebäude, welche im engen Bezug zur Inselwirtschaft stehen: Gerbereien, Kamel Mühlen, Mühlen, Kalköfen und

Salinen. Die Gerbereien wurden zur Gerbung von Häuten gebraucht. Erhalten ist nur noch die Gerberei Mézquez.

Da die Insel vom Getreideanbau lebte, sind die Mühlmaschinen von großer Bedeutung. Die Mühlen erschienen im 17. Jh ersetzen die Kamel Mühlen (Tahonas). Sie geben dem Landschaftsbild einen besonderen Anstrich. Es gibt zwei Arten von Mühlen: die «männliche» und die «weibliche» Mühle. Wir werden verschiedene Mühlen auf unseren Routen besichtigen. Die weibliche Mühle, ist im Vergleich zu ihrem Vorgänger moderner und weist wesentliche Unterschiede in Maschinerie und am Bauwerk auf. Es gibt 38 unterschiedlich gut erhaltene Mühlen (davon 23 männlich und 15 weiblich).

Die Kalköfen erscheinen im 17. Jh zusammen mit der Nutzung der Kalkgruben. Man benutzte Kalk zur Reinigung von Regenwasser, zum Weißen der Wände und zum Häuserbau. Und schlussendlich noch die

Mühle in Tefía

Salinen, ein herrliches Beispiel menschlichen Erfindergeistes.

In den Salinen wird Salz aus Meerwasser, das unter der Sonneneinwirkung verdampft, gewonnen. Erhalten ist nur die Saline El Carmen, welche wir auf der Route 2 besichtigen.

Kalkofen

Wohngebäude. Sie werden in zwei große Gruppen unterteilt: die traditionellen Wohnhäuser der Bevölkerung und die Herrenhäuser.

Ihre totale Anpassung an die Landschaft und die vorherrschenden klimatischen Gegebenheiten verleihen den Häusern ihren besonderen Reiz.

Landhaus in Antigua.

Gemeinden

Seit August 1982 bilden die Kanaren eine eigenständige Region.

Die Kanaren setzen sich aus sieben Inseln zusammen: El Hierro, Fuerteventura, Gran Canaria, La Gomera, Lanzarote, La Palma und Teneriffa. Die kleineren Inseln Alegranza, La Graciosa, Montaña Clara, Roque del Este und Roque del Oeste sind verwaltungstechnisch Lanzarote, die Insel Lobos ist Fuerteventura zugeordnet.

Die Hauptstädte befinden sich in Santa Cruz de Tenerife – mit Sitz de Parlaments – und in Las Palmas de Gran Canaria.

Die Inseln sind in Gemeinden unterteilt. Die Inselregierung setzt sich auf dem Regierungsorgan und der Inselverwaltung zusammen. Die Rathäuser sind die örtlichen Verwalter der jeweiligen Gemeinde.

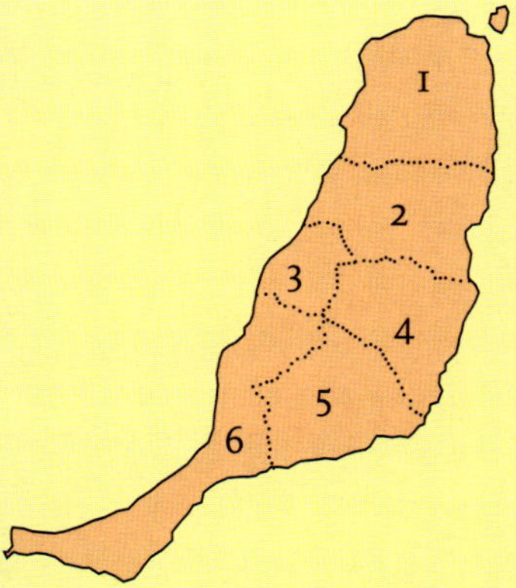

Provinz: *Las Palmas de Gran Canaria*

Hauptstadt: *Puerto del Rosario*

Gemeinden:

1.- ***La Oliva*** *(Corralejo, El Cotillo, Caldereta, Lajares, El Roque, Tindaya, Vallebrón y Villaverde)*

2.- ***Puerto del Rosario*** *(El Matorral, El Time, García Escámez, Guisguey, La Ampuyenta, La Asomada, La Matilla, Llanos de la Concepción, Puerto Lajas, Tefía y Tesjuate)*

3.- ***Betancuria*** *(Valle de Santa Inés y Vega de Río Palmas)*

4.- ***Antigua*** *(Agua de Bueyes, Caleta de Fuste, Las Pocetas, Las Salinas, Pozo Negro, Valles de Ortega, Triquivijate y Casillas de Morales)*

5.- ***Tuineje*** *(Gran Tarajal, Tarajalejo, Giniginámar, Las Playitas, Tiscamanita, Tesejerague, La Florida, La Fuentita, Catalina García, Las Casitas y El Charco)*

6.- ***Pájara*** *(El Cardón, Chilegua, La Lajita, Matas Blancas, El Puertito, Ajuy, Toto y Morro Jable)*

3ª TE-1-1-09

Hafen von Corralejo

ROUTE 1

Corralejo - Vallebrón - Tindaya - La Oliva - El Cotillo. (62 Km)

Wir starten diese Route am Hafen von Corralejo. Hier gibt es neben ausreichend Parkplätzen die Möglichkeit einen Kaffee in einem der Bars und Restaurants an der Strandpromenade zu trinken. Wir können einen kleinen Spaziergang bis zum Muelle Chico oder der alten Fischermole machen. (*)

Muelle Chico

Mit dem Auto fahren wir dann anschliessend auf die Küstenstraße FV-1 Richtung Puerto del Rosario. Als erstes durchqueren wir ein ausgedehntes Dünenfeld. Hierbei handelt es sich um organischem Sand, der von der Meeresströmung angespült und vom Wind weiter transportiert wird. Wir schlagen einen kurzen Halt am Straßenrand vor,

(*) Nützliche fakten, seite 68

Dünenfelder von Corralejo.

kurz hinter den letzten Hotels, um einen kleinen Spaziergang bis zum Strand zu machen. Bei genauer Betrachtung sieht man, dass die Sandkörner aus zerriebenem Muschelmaterial bestehen. Aus diesem Grund sind sie so weiß. Wer möchte kann ein schnelles Bad im Meer nehmen. Dann geht es zurück zum Auto auf die Straße.

Wir durchqueren mit Sand bedeckten vulkanischen Untergrund den wir weiter vorn zu sehen bekommen. Dieser Untergrund entstand zum Großteil aus Lavaeruptionen des Vulkans Montaña Roja

Grandes playas de Corralejo.

(312m), dem Vulkan den wir rechterhand sehen.

Der Vulkan hat ein Alter von ca. 2 Millionen Jahren. Das ihn umgebende Land nennt man "malpaís" ("schlechtes Land"

Blick vom Montaña Roja auf Dünenfelder.

da es steinig und schwer zu begehen ist.

Kurz hinter der Urbanisation Parque Holandés biegen wir am Kreisverkehr rechts auf die FV-102 Richtung La Caldereta ab. An der nächsten Kreuzung geht es auf der FV-103, links nach Vallebrón. Hier führt die

Kapelle in Caldereta

Straße durch ein Tal welches in einem langen Erosionsprozess aus dem Material der ersten vulkanischen Zyklen geformt wurde. Charakteristisch dafür ist die -von steilen Gratengekrönte U-Form, wie anhand des Berges La Muda linker Hand am Tal ende zu sehen ist.

Tal von Vallebrón

Diese Gegend war dem traditionellen Ackerbau gewidmet, wie an den Hängen in Terassenform noch zu erkennen ist, die heutzutage verlassen sind. Kulturell interessant ist die kleine Kapelle San Juan Bautista, einige Kalköfen und Brunnen,

Kapelle de San Juan Bautista

sowie die traditionellen "gavias" (durch Erdwälle eingegrenzte Anbauflächen welche im Winter als Regenauffangbecken dienen).

Am höchsten Punkt des Tales finden wir einen Aussichtspunkt. Von hier können wir noch einmal das soeben befahrene Tal überblicken und unseren Blick auf das vor uns liegende Tal richten. Vor uns erhebt sich

Kapelle de Los Dolores (Caldereta). *Ihr Bau wird im Jahr 1808 von den Einwohnern der Caldereta oder Caldera de los Denises fertiggeste-llt.. Hervorzuheben ist die abgeflachte Fassade, vom Glockengiebel in schwarzen Mauerstein gekrönt.*

Kapelle de San Juan Bautista (Vallebrón). *Erstmals erwähnt im Jahr 1735. Beherbergt das Abbild dieses Heiligen und zugleich Schutzpatron dieses Ortes. Kurios: Abbildung zweier kämpfender Mäuse direkt über dem Türsturz des Haupteingangs.*

Montaña de Tindaya

der Tindaya Berg. Einem Ort von großer religiös-kultischer Bedeutung für die Ureinwohner. Es handelt sich hierbei um einen Trachit-Konus, dessen Material in die vorhandenen Magmamassen eindrang und welcher aufgrund des langwierigen Erosionsprozess freigelegt zurückblieb. Er ist aus diesem Grund für die Geologen von großem Interesse. Dieser so besondere Berg erhebt

Fussabdrücke auf der Spitze des Berges Tindaya.

sich inmitten einer, bis zum Meer reichenden, Ebene. Diese Ebene wurde durch den marinen Schleifprozess geformt, welcher wirkte, als der Meeresspiegel noch das Land bedeckte. Die Weiterfahrt führt uns an die Kreuzung mit der FV-10, wo wir nach rechts, Richtung La Oliva abbiegen.

La Oliva ist der Hauptort der Gemeinde die wir besuchen. Wir machen einen Halt um drei Beispiele traditioneller Architektur zu besichtigen: die Kirche La Candelaria, das Haus de los Coroneles, ehemals Wohnsitz der feudalen Grundherren und La Cilla, ein ehemaliges Vorratsgebäude, welches heutzutage als Museum dient. Gegenüber der Kirche führt uns die Straße zum Ortsausgang von La Oliva nach Richtung El Cotillo.

Kirche de La Candelaria. *Mit Ankunft des Obersts, der höchsten militärischen Gewalt auf der Insel, verwandelt sich La Oliva zu dessen Nachteil in politische und religiöse Referenz. Die hier errichtete Kirche wird auf Anweisung Felipe V. im Jahre 1708 in eine Pfarrei umgewandelt. Nach und nach wurde der Bau auf drei Kirchenschiffe erweitert. Der Glockenturm, wie man ihn heute sieht, ist aus schwarzen Mauerwerk.*

Casa de Los Coroneles. *Auch bekannt als das Haus der Markgräfin, begann der Bau im 17. Jh, obwohl sein eigentlicher Umbau durch Agustin Cabrera (1743 - 1828), den 5. Oberst Fuerteventuras, erfolgte. Mit viereckiger Grundfläche, drei Türmen und Innenhof, dem höher gelegenen und von Pfeilern gestützten Balkon, alles aus Kanarischem Kiefernholz (Tea). Die Fassade verfügt über 8 Balkons im Barrock Stil, über dem Haupteingang sticht der Wappenschild der Gilde Cabrera ins Auge.*

«La Cilla» Der kirchliche Kornspeicher. *Heute in ein Kornmuseum verwandelt, bietet es Einblick in die typische Landwirtschaft des Gebietes. Diese Art von Gebäuden wurde zur Aufbewahrung der eigenen Ernte der Kirche sowie der Unterbringung der Ernte, welches als Zahlung des Zehnten gegeben wurde, verwandt.*

Montaña de La Arena

Die Straße umrundet die Montaña de La Arena (420m), einen Vulkankonus stammend aus der Zeit der letzten Ausbruchsaktivitäten auf der Insel, vor 3000 bis 5000 Jahren. Das Malpaís rund um den Berg herum ist mit grünen Flechten besiedelt,

Múhle de El Roque

daher seine Farbe. Wir fahren weiter und lassen den kleinen Ort Lajares rechts liegen. (*)

In El Cotillo können wir frischen Fisch essen, abgesehen davon haben wir mehrere Möglichkeiten. So könnten wir durch den Ort bummeln. Dafür lassen wir das Auto gleich am Ortseingang stehen und laufen einfach geradeaus, bis wir ans Meer und an den alten Hafen kommen. Wir können von hieraus linkerhand (mit Blick aufs Meer) weitergehen und gelangen so zum Fischerhafen und zum Castillo El Tostón. Diese Befestigungsanlage stammt aus dem Jahr 1741 und diente zur Verteidigung gegen Piraten dieses, für die

Castillo de El Tostón

El Cotillo

(*) Nützliche fakten, seite 70

Kapelle de Nuestra Señora del Buen Viaje. El Cotillo. Gebaut in 1680 und erweitert in 1834.

Kommunikation und Handel wichtigen, Punktes. Die Festung hat einen Luftschacht der sie vom Äußeren abschottet. Die Besichtigung des Turminneren ist möglich.

Eine andere Möglichkeit ist, ein Bad zu nehmen an den umgebenden Stränden: linkerhand die Strände del Castillo und El Aljíbe de la Cueva, beides Strände mit Brandung; oder, auf der anderen Seite des Ortes, in ruhigen, geschützten Buchten wie z.B. La Caleta, mit weißem Sand und ruhigem Wasser.

Zum Abschluss unseres Ausflugs fahren wir noch zum Leuchtturm von El Cotillo (oder El Tostón), dessen Gebäude zu einem Fischfangmuseum

Strand von der Aljibe de la Cueva

Playa de La Caleta

Caletas de El Cotillo

umfunktioniert wurde. Von hier aus haben wir einen guten Ausblick über die Nordküste und es ist kein schlechter Platz um den Sonnenuntergang zu betrachten.

Eine angenehme Nachtruhe!

Leuchtturm El Tostón

Caleta de Fuste

ROUTE 2

Puerto del Rosario - Tetir - Tefía - Los Molinos - La Ampuyenta - Antigua - Caleta de Fuste - Las Salinas. (75 Km)

Ausgangspunkt für diesen Ausflug ist die Promenade von Puerto del Rosario, Hauptstadt und Verwaltungssitz der Insel.

Strandpromenade Puerto del Rosario.

Entlang der Promenade können wir einige auffällige Skulpturen besichtigen, die das sichtbare Ergebnis verstärkter Bildhauertätigkeit und entsprechender Events in den letzten Jahren in Puerto sind.

Mit dem Auto geht es dann Richtung La Oliva (FV-10) . Als erstes erreichen wir den Ort Tetir, wo jeden

Sonntag ein traditioneller Handwerksmarkt auf dem Platz der Kirche stattfindet. Die Kirche Santo Domingo de Guzmán wurde zwischen dem 18. und 19. Jh erbaut Nebst unverkennbaren Turm bewahrt die Kirche eine wunderschöne Altarrückwand und sehenswerten Gemälde.

Kirche von Tetir

Unsere Route führt uns weiter nach La Matilla mit der kleinen Kapelle Nuestra Señora del Socorro. Wenige Kilometer weiter müssen wir darauf achten, die Abzweigung linkerhand nach Tefía (FV-207) nicht zu verpassen. Rechterhand liegt jetzt der Vulkan Montaña Negra, mit dem Monument zu Ehren von Miguel de Unamuno, ein spanischer Philosoph

Nuestra Señora del Socorro

und Poet der in der Diktatur von Primo de Rivera nach Fuerteventura verbannt wurde. Ca. 2 km hinter Tefía finden wir das Museumsdorf La Alcogida. Hier halten wir an der Rezeption, denn ein Besuch lohnt sich durchaus. Auf dem Weg durch das Dorf lernen wir die traditionelle

Miguel de Unamuno

Ermita de San Agustín (Tefía)

Architektur, sowie die Bräuche und Arbeitsmittel der Bauern, Viehzüchter und Handwerker kennen.

Kurz nach dem Museumsdorf folgen wir rechterhand

Mühle von Tefía

Ermita de Nuestra Señora del Socorro *(La Matilla).* *In 1714 wird diese durch die Einwohner des Ortes errichtete Kapelle geweiht. Ein rechteckiger Bau mit Ziegeldach in Pyramidenform und seitlich anliegender Sakristei. Hervorzuheben ist das Eingangstor mit Halbrundbogen und der mit einem Holzkreuz verzierten Glockengiebel, alles in Steinmauerei.*

Miguel de Unamuno. *(Bilbao, 1864 - Salamanca 1936). Schriftsteller und Philosoph der 98er Generation, Hochschulprofessor für Griechisch an der Universität von Salamanca, dort war er auch Rektor. Abgeordneter des Kongresses von 1931 - 1933. Er wurde im Jahr 1924 vom Diktator Primo de Rivera nach Fuerteventura verbannt und sechs Monate später begnadigt.*

Ermita de San Agustín. *Durch Doreinwohner erbaut und geweiht im Jahr 1714. Mehrmals umgebaut, sticht der mit einer Turmspitze versehene Altarraum ins Auge.*

Dorf La Alcogida (Tefía)

der Abzweigung nach Los Molinos (FV-221). Hinter dem Dörfchen Las Parcelas beginnt der Barranco de Los Molinos. Auf seiner Westseite können wir anhalten und einen kleinen Spaziergang auf einem eigens dafür angelegten Weg machen. Diese Schlucht schälte sich aus den Basaltschichten der ersten Vulkanausbrüche von vor 12 bis 17 Millionen Jahren. Dieser Ort eignet sich insbesondere zur Vogelbeobachtung, denn das Tal führt normalerweise ganzjährig Wasser und die entsprechende typische Flora

Schlucht und Strand von Los Molinos.

wächst im Überfluss. Die restliche Strecke nach Playa Los Molinos legen wir im Auto zurück. Wilder Strand flankiert mit beeindruckenden Basaltklippen. An einem schönen Tag und bei ruhigem Meeresgang können wir uns ein Bad gönnen.

Wir fahren auf derselben Straße weiter bis wir auf der Hauptstraße FV-207 ankommen. Hier fahren wir weiter, bis wir an einen Kreisverkehr gelangen, welcher uns auf die Landstrasse La Ampuyenta (FV-20) führt. Hier können wir die Ermita von San Pedro Alcántara, das Museum Casa Museo Doctor Mena und die Haus der Alfaros, ein Beispiel herrschaftlicher ländlicher Architektur, besichtigen. Der weitere Weg führt uns zur

Mühle de Antigua

Mühle von Antigua, wo wir das Innere einer traditionellen Windmühle besichtigen. Mühlen dieser Art, hauptsächlich zum Mahlen von "gofio" (Maismehl) benutzt, unterstreichen die Bedeutung welche die Landwirtschaft auf dieser Insel einst hatte. In

Kapelle San Pedro de Alcántara

Nuestra Señora de Antigua

Playa del Castillo

Antigua besichtigen wir dann die Kirche Nuestra Señora de Antigua, die zwischen dem 16. und 17. Jh erbaut wurde. (*)

Von Antigua aus begeben wir uns auf der FV-413 nach Triquivijate und anschließend auf der FV-2 nach Caleta de Fuste. Dies ist in touristischer Ort und hier können wir den Yachthafen mit seinen Unterhaltungsmöglichkeiten besichtigen und uns ein Bad in der ruhigen Bucht gönnen. Anschließend geht es nach

Kapelle de San Isidro

Las Salinas del Carmen, wo sich, von weitem erkennbar durch das ausgestellte Wal Skelett, die einzigen Salinen von Fuerteventura und ein Salzmuseum (Museo de la Sal) befinden. Hier können wir den traditionellen Prozess zur Gewinnung von Seesalz kennenlernen. Und genug für heute, denn morgen erwartet uns ein weiterer interessanter Tag.

Wal Skelett in der Saline von El Carmen.

(*) *Nützliche fakten, seite 69*

Castillo de Caleta de Fuste

Salinas de El Carmen

Kapelle de San Pedro de Alcántara *(La Ampuyenta).* *In 1681 errichtet und bis in die jetzige Zeit schrittweise umgebaut. Ein einziges Kirchenschiff bedeckt mit Satteldach, der Altarraum hebt sich vom Rest ab. Eingangsportal mit Halbrundbogen und darüberliegendem Rundfenster, verziert mit einem kleinen Kreuz aus schwarzem Stein, Zwillingsglockengiebel, mit zinnenbewehrter Außenmauer oder Verteidigungsmauer. Das Innere ist mit wichtigen Gemälden ausgestattet.*

Saline de El Carmen. *Auf Salinen aus dem 18. Jh wurde diese durchdachte Saline im Jahre 1910 auf Lehm auf seine heutigen Ausmaße mit fast 30.000 m² erweitert.*

Kirche de Nuestra Señora de Antigua. *Die alte Ermita wird zwischen dem 16. Jh und 18. Jh erweitert, die Fertigstellung endet hier mit dem Glockenturm. In 1792 wird sie in eine eingenständige Pfarrei umgewandelt.*

Ermita de San Isidro (Triquivijate). *Von den Einwohnern errichtet und im Jahr 1715 geweiht. Sie verfügt über eine abgeflachte Fassade und Glockengiebel aus hellem Stein, sowie Wehrmauer.*

Castillo de Caleta de Fuste. *Wurde ebenso wie die Festung von El Cotillo im Jahr 1741 errichtet. Ein zweistöckiger Rundbau mit Brunnen.*

Mühle von Tiscamanita

ROUTE 3

Tiscamanita - Antigua - Betancuria - Vega de Río Palmas - Pájara - Ajuy - La Pared. (74 Km)

Diese Tour beginnen wir in Tiscamanita, einem kleinen Dorf im Inselinnern, wo wir das Mühlen Museum besichtigen können, welches sich der Geschichte des Mahlens widmet. (*)

Kapelle von Tiscamanita

Von hier aus fahren wir auf der FV-20 nach Antigua - diesen Ort haben wir auf vorhergehenden Route bereits durchfahren - und nehmen die FV-416. Einige Kilometer weiter kommen wir an einen Kreisverkehr, von dort fahren

(*) Nützliche fakten, seiten 68 y 71

Monument Ayoze y Guize.

wir weiter auf der FV-30 in Richtung Betancuria. Die Straße geht bergauf und wir erreichen einen kurvenreichen, aber landschaftlich schönen Abschnitt. Kurz vor dem höchsten Punkt geht es links ab zum Aussichtspunkt Morro Velosa. Dieses Gebäude wurde von César Manrique entworfen und wir haben von hier einen großartigen Blick auf das Zentrum der Insel. Etwas weiter vorn erreichen wir die Spitze des Bergmassivs. Hier zeigt sich uns die Landschaft aus einer anderen Perspektive und wir können die Statuen von Guise und Ayose betrachten,

Blick nach Norden vom Morro Velosa.

den Königen der zwei Stämme, welche die Insel,vor der spanischen Eroberung in zwei Reiche teilte.

Von hier aus geht es abwärts Richtung Tal, wo die ehemalige Inselhauptstadt Betancuria liegt. Hier befinden sich die bedeutendsten

Betancuria

architektonischen Bauwerke der Insel, weshalb der historische Ortskern heutzutage unter Denkmalschutz steht. Unter anderem die Kirche von Santa María, die erste auf Fuerteventura und den Kanaren errichtete Kirche im Jahre. Von der Kirche des Franziskaner Klosters San Buenaventura, welche im Jahre 1416 auf die Insel kamen, sind nur die Mauern der Kirche und

Kirche Santa María. *Erbaut nach der Eroberung auf Anweisung des Eroberers Jean de Béthencourt. Im Jahr 1424 wird sie vom Papst Martin V. zur Kathedrale ernannt, es wurde ein Bischof eingesetzt, der sich jedoch nie auf der Insel niederlassen sollte. Sie wurde von mehreren Piratenangriffen heimgesucht, zum Großteil von Berbern. Der brutalste Angriff wurde von Xabán de Arráez geführt, Attacke in welcher die Hauptstadt und ihre Archive zerstört wurden. Dieser gefürchtete Pirat nahm im Jahr 1593 sechshundert Christen gefangen. Im selben Jahr fand auch der Wiederaufbau der Kleinstadt und seiner Kathedrale statt, Arbeiten welche bis zum Jahr 1691 andauern sollten. Es sind mehrere Baustile wie Gotik, - spanisch islamischer - Barock, Renaissance und Mudejar erkenn bar. Im Kircheninnern erhalten sind die seitlichen Altarwände im klassizistischen Stil und der vergoldete, vielfarbige Hochaltar im Barockstil zu sehen Ebenso bewahrt ist eine Gemälde- und Skulpturensammlung sowie eine Silbermonstranz aus dem späten 16. Jh, die als die Älteste auf den Kanaren gilt.*

Kapelle San Diego de Alcalá und Kirche des Franziskanerkonvents San Buenaventura. *Die Franziskaner halfen bei der Evangelisation der Insel, durch den Bau des Konvents, welcher - genehmigt vom Papst Benedict XIII. - der erste Konvent auf den Kanaren war. Wieder erbaut und erweitert im Jahre 1460. Im 19. Jh brach die Kirchendecke ein, dieser Zustand hält bis zum heutigen Tage an. Die Kapelle besteht aus zwei, mit Walmdächern bedeckte, Kirchenschiffen. Kuriosität ist der obere Hohlraum im Strebebogen zur Unterbringung der Glocke.*

die Grundmauern des Konvents erhalten. Die Kapelle San Diego, direkt neben dieser Kirche, datiert auf Mitte des 17. Jh und wurde an der Stelle erbaut, wo der Heilige während seines Aufenthaltes in Betancuria zwischen 1441 und 1449 betete. Das Museum für sakrale Kunst «Museo de Arte Sacro», widmet sich der religiösen Kunst der verschiedenen Kapellen der Insel. Es befindet sich in einem Haus direkt an die Kirche Santa Maria anliegend - der Zugang erfolgt über die Kirche. Im Archäologischen Museum «Museo Arqueológico» an der Hauptstraße finden wir Exponaten aus der kulturellen und spirituellen Welt der Ureinwohner. Ein kleiner Spaziergang durch die Gassen und ein Besuch in einem der kleinen Andenkengeschäfte

Nuestra Señora de La Peña

Pilgerfest de La Peña, jedes Jahr am 3. Samstag im September. Diese Tradition stammt aus dem 15. Jh und beruht auf der Verehrung der Jungfrau, die um 1434 in den Felsen von Malpaso gefunden wurde und welche dann später in dieser Kirche untergebracht wurde.

runden unseren Besuch in diesem historischen Ort ab. (*)

Wieder auf der Straße fahren wir weiter talabwärts zu dem kleinen Ort La Vega de Río Palmas mit der Kirche Nuestra Señora de la Peña, erbaut zwischen 1705 und 1716. Im Inneren der Kirche befindet sich eine Statue der Jungfrau welche wahrscheinlich von den normannischen Eroberern in 1402 mitgebracht wurde. Aus weißem Alabaster ist sie die Schutzherrin von Fuerteventura.

Ab hier verlässt die Straße die Talsohle und es beginnt eine einzigartige Serpentinenstraße, die uns bis zum Ende der Fahrt begleiten wird. Dieser sogenannte Basaltkomplex wurde durch die Verschiebun-

(*) Nützliche fakten, seiten 68 y 70

Damm Las Peñitas im Engpass von Malpaso.

Landstrasse durch das Bergmassiv.

gen der Kontinentalplatten vor ca. 100 Millionen Jahren vom Meeresboden hoch geschoben. Die abgerundeten Formen der Felsen entstanden durch den - erst unter und später über dem Meeresspiegel- wirkenden Erosionsprozess. Auf dieser Strecke können wir mehrere Haltepunkte ansteuern um die Landschaft zu genießen. Von dem ersten dieser Punkte sehen wir einen kleinen Stausee in der Schlucht von Malpaso. Hier versteckten die spanischen Eroberer die Statue der Jungfrau aus Furcht vor den Eingeborenen in einer kleinen Höhle; als man die Statue zu einem späteren Zeit-

Kapelle Höhle Las Peñitas

Kirche Nuestra Señora de Regla. *Im Jahre 1687 entsteht das erste Kirchenschiff, in 1733 beendet und ein Jahr später geweiht. Es sticht das mit geometrischen Figuren, Schlangen, Sonnen, Menschenköpfen und Vögeln verzierte Eingangsportal hervor, welches laut einigen Historikern mexikanischen Einfluss aufweist.*

Wasserrad vor der Kirche und Beispiel der volkstümlichen Architektur, restauriert für Restaurant - und Hotelbetrieb. (*)

punkt wieder fand, wurde an dieser Stelle die kleine Kapelle Las Peñitas errichtet.

Schließlich erreichen wir Pájara mit der Kirche Nuestra Señora de Regla, erbaut 1711, welche mit rätselhaften Motiven aztekischer Herkunft in der Fassade versehen wurde. (*)

Hinter Pajara nehmen wir die Abzweigung nach Ajuy, einem kleinen Fischerort mit schwarzem Sandstrand wo wir einen Spaziergang zu den Kalköfen auf dem Kliff machen können, um die Höhlen zu besichtigen, welche das Meer aus den Felsen schuf und die geologischen Schichten Fuerteventura sehr schön zu sehen sind. Bei schönem Wetter und ruhiger See können wir ein Bad im Meer nehmen oder alternativ in einem der kleinen Restaurants etwas essen und trinken. (*)

Zurück zur Hauptstraße, fahren wir weiter nach Süden. Nach der Hälfte der Strecke kommen wir zu einem Aussichtspunkt von dem sich uns ein Blick wie auf einen anderen Planeten bietet. Von hier geht es bergab bis nach La Pared und dem Strand Viejo Rey, wo wir den Tag mit einem Spaziergang am

Palmenhain im Tal von Ajuy.

Ajuy

(*) Nützliche fakten, seite 69

(*) Nützliche fakten, seite 69

Montaña Cardón, rechterhand. Im Hintergrund die Sandflächen der Landenge von La Pared und Jandía.

Strand, einem Bad und einem schönen Sonnenuntergang ausklingen lassen können.

Eine angenehme Nachtruhe und bis morgen!

Betancuria- Massiv

Playa del Viejo Rey

Playa de La Pared

Strände von Cofete

ROUTE 4

Costa Calma - Morro Jable - Cofete - Faro de Jandía.
(60 Km)

Heute ist ein Strandtag. Hinter dem Touristengebiet Costa Calma beginnen die eindrucksvollen Sotavento Strände von Jandía, welche sich aneinandergereiht bis nach Morro Jable erstrecken.

Playa de Costa Calma

Wir befinden uns an der Landenge von La Pared, welche die Verbindung zwischen Jandia und dem Rest der Insel bildet. Dieses Gebiet wird von einem Sandgemisch marinen Ursprungs, Muschelresten und verwitterten Schnecken bedeckt, welches der Wind von Küste zu Küste weht und in große Sanddünen verwandelt. Dieser Sand lässt die längsten

Landenge von La Pared vom Risco del Paso in nördlicher Richtung gesehen.

Strände der Kanaren entstehen: die Strände von Jandía.

Ein guter Platz für einen Spaziergang und ein Bad im Meer ist die Abzweigung nach Risco del Paso. Zurück auf der Strasse fahren wir weiter nach Morro Jable. Dort können wir an der Promenade entlang bummeln oder noch einmal ins Wasser springen, bevor wir weiter nach Süden fahren. (*)

Ab hier befahren wir eine Sandpiste und durchqueren das

Panoramablick auf die Sotaventostrände vom selben Standort.

(*) Nützliche fakten, seite 69

Playa La Barca, ein außergewöhnlicher Ort, der zum Laufen, Schwimmen und Wassersport einlädt.

Morro Jable: Strand, Wal Skelett und Skulptur an der Promenade.

Naturschutzgebiet von Jandia «Parque Natural de Jandía», dessen geologischer Ursprung mit den ersten vulkanischen Tätigkeiten vor ca. 17 Millionen Jahren zusammenfällt. Jüngere Basaltformen durchziehen die großen Anhäufungen von Lava und bilden enorme Diques, wie an den verwitterten Teilen des Massivs gut zu erkennen ist.

Durch den langen Erosionsprozess entstand ein großes Vulkangebäude, dessen Bogenform sich in der Mitte durch schroffe Gebirgsrücken in zwei Hänge teilt. Einer der Gipfel ist der Pico de la Zarza, mit seinen 807 Metern der höchste Punkt der Insel. Das Bergmassiv ist von aneinandergereihte Schluchten durchzogen, welche am Meer angekommen in bemerkenswerte Strände münden.

Obwohl es auf den ersten Blick nicht so aussieht,

Ausblick auf das gesamte Massiv von Gran Valle.

weist dieser Teil der Insel die artenreichste Flora auf. Dieses Gebiet beheimatet 38 endemische kanarische und makaronesische Arten, von denen 8 einzig und allein auf Fuerteventura existieren. Im Tal vor der Abzweigung nach Cofete können wir den «Cardón de Jandía» bewundern, einen Kaktus der in seiner Art einmalig auf der Welt ist.

An der Wegzweigung angelangt, haben wir zwei Möglichkeiten: Wenn wir beide in Anspruch nehmen, müssen wir die Zeit ensprechend im Auge behalten. Die erste

endemischer Kaktus «Cardón de Jandía»

Kanarischer Cardón

Jandia-Massiv ab Cofete. im Hintergrund das Haus Winter.

Möglichkeit wäre in Richtung Cofete zu fahren. Der Weg führt uns auf den höchsten Punkt des Tals, hier machen wir einen kurzen Halt und lassen die unendlichen Weiten der Landschaft auf uns wirken. Die durch eine kleine Insel getrennten Strände von Cofete und Barlovento de Jandía und die unglaublichen schönen Gipfel des Bergmassivs. Der Weg führt uns in ein kleines Dorf bis an den Strand. Hier können wir die unberührte Natur geniessen, und mit der gebotenen Vorsicht, ein Bad im Meer nehmen sowie einen langen Spaziergang inmitten der weiten Einsamkeit machen. Je nach unserer Entscheidung können wir an unseren

Strände von Cofete

Blick auf Cofete vom kleinen Ort.

Ausgangspunkt zurückkehren und Richtung El Puertito de la Cruz und dem Leuchtturm von Jandía fahren. Wir können guten Fisch essen, im Dorf am Meer, den Leuchtturm besichtigen, welcher in ein Meeressäuger Museum umgewandelt wurde, wir könnten am reizvollen Strand der Playa de los Ojos baden, oder an jedem der aus den zahlreichen Schluchten führenden Strände welche wir auf dem Weg passieren. Der Juan Gómez Strand ist der Grösste von allen. Ich hoffe, dass die vorgeschlagenen Routen trotz langer Fahrtstrecken entspannend waren und die letzten Tage ihre Neugier auf weitere Entdeckungen auf Fuerteventura wecken konnte.

Playa de Los Ojos

Leuchtturm von Jandía

STRÄNDE

Strände von Corralejo
Strände von El Cotillo
Sotaventostrand von Jandía
Strand von Cofete

Die Küste gestaltet sich äußerst abwechslungsreich: niedrige Terrassen und steile Klippen stehen im Wechsel mit Stränden unterschiedlichster Formen und Farben.

Die vorherrschenden Winde teilen die Insel in Windseite und Windschattenseite. Barlovento (gegen den Wind) steht für Wind vom Meer und Sotavento bedeutet im Windschatten, sprich Wind vom Land. Bezeichnend fúr die Barlovento Strände ist ihre raue, ungemütliche See, während die Strände auf der Sotavento angenehm sind. Die Ruhe der Strände von Sotavento gibt den Badegästen Sicherheit und schafft ein Paradies für alle Freunde des Wassersports.

Die Touristengebiete sind längsseits dieser Küste zu finden.

Für einen wunderschönen Strandtag empfehle ich Ihnen unter der Vielzahl von Stränden die Ansprechensten. Ich

Playa La Barca

Playa La Barca

gebe Ihnen ein paar Anhaltspunkte, die bei der Auswahl behilflich sein werden.

Strände an der Sotavento (Windschatten) Seite

Jandía: Am Fuß des südöstlichen Jandia-Massivs sind die längsten Strände der Kanaren zu finden. Dieser Küstenabschnitt zieht sich von Costa Calma bis nach Morro Jable und umfasst u.a. die goldgelben Sandstrände von Matorral, Butihondo, Esquinzo, Mal Nombre und La Barca. Die zahlreichen an diesen Stränden gebotenen Unterhaltungsmöglichkeiten ergänzen sich mit der - enorm wichtigen- naturbelassenen

Risco del Paso

Risco del Paso

El Matorral

Strände von Cofete

Landschaft. Die großen Sanddünen, Strandseen, Salzwiesen und die zugehörige Fauna bilden eine Einheit unglaublicher Schönheit.

Strände auf der Barlovento (Wind) seite Jandía. Cofete: Zwischen Roque del Moro und Punta Paloma gelegen, Richtung NW am Fuss des erwähnten Jandía-Massivs, erstreckt sich eine 14 km lange goldgelbe Sandküste. Die Strände an der Barloventoseite sind rau, wie bereits eingangs erwähnt. Daher sollte man es ruhig angehen mit dem Wassersport sowie eine Reihe von Vorsichtsmaßnahmen walten lassen. Dieser ausgestorbene Strand eignet sich ideal für Liebhaber der Ruhe und großer Weiten. Die von einer kleinen Insel geteilten Strände von Cofete und Barlovento bieten, am Fuß großer vulkanischer Gebilde, gekrönt durch den Pico de la Zarza (807m), eine der großartigsten Kulissen geologischer Art auf Fuerteventura. Oben auf den Kämmen, benetzt durch die Feuchtigkeit der

Strände von Cofete

Playa de Barlovento de Jandía

Winde sind unglaubliche botanische Schätze zu finden.

Wie in Route 1 beschrieben, bieten sich Ihnen im nächsten Abschnitt zwei Möglichkeiten: linkerhand des Dorfes von El Cotillo befindet sich der Strand El Aljibe de la Cueva und rechts liegen die sich aneinander reihenden Lagunen von El Cotillo.

Strand El Aljibe de la Cueva: Jarugo, Tebeto, Esquinzo, El Águila und el Aljibe de la Cueva bilden eine Ansammlung von Stränden am Fuß des Betancuria-Massivs. Der dem Dorf nächstgelegene Strand del Aljibe de la Cueva ist mit seinen 9 km Ausmaß der Längste von allen, seine Eigenschaften sind den Anderen sehr ähnlich. Eben dieser Wind und Wellen,

Playa de El Aljibe de la Cueva

Playa de El Aljibe de la Cueva, im Hintergrund El Cotillo.

welche die Schätze dieser Strände formten und schützten sind heute ungemein beliebt für die Ausübung verschiedener Wassersportarten.

Seen von El Cotillo: Auf der Nordküste von El Cotillo verstreut, ab Ortsausgang bis zum Leuchtturm und Umgebung gibt es unzählige kleine Buchten mit sehr weißem Sand: La Caleta, Caleta del Río, Caleta de la Aduana y Caleta del Marrajo u.a Die Wellen brechen

La Caleta de El Cotillo

in einiger Entfernung zum Strand, sodass sich am Strand Standseen und Swimmingpools mit ruhigen und kristallklaren Wasser bilden. Am Wasserrand dieser Buchten kann man Küstenvögel beobachten, die sich hier ausruhen oder zwischen den

La Caleta de El Cotillo

Bucht del Marrajo

angeschwemmten Algen nach Nahrung suchen.
Die Farbkontraste und Lichtverhältnisse, welche sich im Zusammenspiel mit Lava, Sand und Meer ergeben, sind nicht zu überbieten und bilden Landschaftsbilder von nahezu überirdischer Schönheit.

Strände von Corralejo:
Eine Ansammlung von weißen Sandstränden, die den Naturpark von Corralejo umranden, zwischen Montaña Roja und Corralejo. Das Dünenfeld zieht sich von der Küste landeinwärts und bildet wunderschöne Sanddünen.
Die Landstraße, die Puerto del Rosario und Corralejo verbindet, führt unmittelbar an diesen unglaublichen Stränden vorbei und gewährt uns eine phantastische Aussicht. Eine wunderschöne Farbpalette in überwiegend Smaragd-grünen Schattierungen schmückt die Meeresbrandung der fast ganz jährig ruhigen See. Der hier vorherrschende konstante Wind begünstigt das Windsurfen und Drachensteigen, letzteres eine hier sehr beliebte und gängige Praxis.

Los Islotes

Playas de Corralejo

Die im Anschluss aufgeführten Läden bieten Ihnen einen Preisnachlass in Höhe von 10% oder ein Geschenk als Dank für Ihren Besuch. Sie müssen nur unser Buch vorzeigen.

Die Gastronomie Fuerteventuras zeichnet sich durch ihre Reichhaltigkeit aus. Verwendung finden vor allem Fisch, Fleisch und Ziegenfleischerzeugnisse und Produkte aus der Region, immer in Begleitung von Gofio und kanarischen Runzelkartoffeln mit Mojo. Dazu noch ein guter Wein und hausgemachten Dessert und wir sind in den Genuss inseltypischer Küche gekommen.

Folgende Einrichtungen empfehle ich aufgrund ihres besonderen Flairs und der Qualität ihrer Produkte:

Corralejo

Restaurante AVELINO (R)
C/ Galicia, 35. Muelle de Corralejo. Tel. 928535036

Spezialitäten: täglich frischer Fisch, Paella, Reiseintopf, "Jamón de bellota "5j""(iberischer Hinterschinken von ausschließlich mit Eicheln gemästeten Schweinen) und gepökelte Sardellen. Sie werden persönlich von AVELINO bedient, einem Fachmann mit mehr als 50 Jahren gastronomischer Erfahrung, welcher Sie gern berät.

Tesjuate

Restaurante Casabel (R)
Carretera Puerto - Casillas del Ángel, Km. 6. Tel. 928163346
restaurantecasabel

Spezialitäten: Hausmannskost (Kichererbsen/ Zicklein/ Lamm), verschiedene Tapas, Brot aus dem Holzofen. Der autentische kanarische Innenhof inmitten der Idylle um mit Freunden oder in Familie zu essen.

Tiscamanita

Restaurante La Parada (R)
Carretera del sur
Tel. 928161143 / 638734941

Typisch kanarische Küche. Spezialitäten: Ziegenfleisch und Zicklein, kanarische Eintöpfe und Puchero. Freundliche, familiäre Atmosphäre.

Betancuria

Bodegón Don Carmelo (R)
C/ Alcalde Carmelo Silvera, 4
Tel. 928878391 / 636068912
Bodegón Don Carmelo

400 Jahre altes Familienanwesen, restauriert und hergerichtet. Innenhof im kanarischen Stil. Unbedingt besuchen sollten Sie diese Einrichtungen, um einen EInblick in die Vergangenheit zu

erhalten. Spezialitäten: Tapas und Salate. Das zur Zubereitung der Speisen verwendete Gemüse stammt aus dem Garten der Familie und aus der Gegend. Ebenso vegetarische Küche. 5 Sprachen.

Pájara

Casa Isaítas (G)
C/ Guize, 7
Tel. 928161402 / 607928307
www.casaisaitas.com

Haus im rustikalen Stil und Restaurant mit typisch kanarischer Küche – Eintöpfe, Puchero, Ziegenfleisch-. Spezialisiert auf vegetarische Küche – Kichererbseneintopf, Lasagne, Kroketten, Eintopf. In dieser idylischen Umgebung bleibt der Stress vor der Tür, im Inneren regieren Ruhe und Frieden. Frei nach dem Motto "oKm", direct vom Garten auf den Tisch.

Ajuy

Restaurante La Jaula de Oro (R)
Junto a la playa.
Tel. 928161594

Auf frischen Fisch spezialisiert, gefischt von den Fischern der Gegend. Rinderkoteletts, Kanarische Runzelkartoffeln, Ziegenkäse der Insel. Familiäre Atmosphäre.

Morro Jable

Bar - Tapas - Restaurante (R)
"EL CHINCHORRO"
Plazoleta peatonal la Piragua, 5
Tel. 645532238

Spezialitäten: Täglich frischer Fisch, gebratene Muräne, Kalamar, Tintenfisch, kanarische Runzelkartoffeln, Käse und eine grosse Auswahl an Tapas und Vorspeisen. **Im Angebot**: 1 Kg Riesengarnelen und 1 Flasche Wein = 25,- €. 1/2kg Riesengarnelen + 1 Flasche Wein = 15,-€.

Aus der Vielfalt der angebotenen Geschenke und Errinnerungen empfehle ich immer Handarbeit jeglicher Art. Auf dieser Insel haben sich verschieden Handarbeitstechniken bewahrt, die Neueren unter ihnen mobilisieren den Handelsbereich und den lohnt es sich zu unterstützen, steht er doch für Qualität und die Liebe zur Heimat. Auch Lebensmittel können ein lohnendes Mitbringsel sein, denn sie hinterlassen einen gute Errinnerung kulinarischer Art unseres Aufenthaltes auf Fuerteventura. Käse und andere Erzeugnisse, sowie Mojo und einige Konserven sind ein ausgezeichnetes Geschenk, die in ihrer Qualität dem internationalen Standart um nichts nachstehen. Und zum Abschluss: ein gutes Buch über Fuerteventura bietet ein ausgezeichnetes Geschenk, mit welchem wir unsere Eindrücke sowie unser neu erworbenes Wissen über den Ort unseres Besuches weitergeben.

Ich empfehle folgende Einrichtungen, welche in der o. a. Weise arbeiten und unterstützen:

Lajares

Artesanía Los Telares (R)
C/ Coronel del Yerro, 14
Tel. 928868300
www.artesanialajares.es

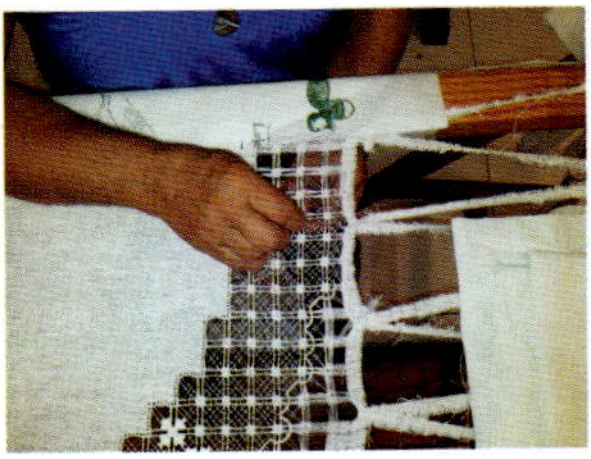

Stickereischule und von Hand gearbeitete Stoffe. Kanarische Keramik von heimischen Handarbeitern. Aloe Vera. Vulkansteine. Olivin.

Antigua

Galería de Recuerdos (R)
C/ Virgen de Antigua, 4
Tel. 928549632

Kanarische Handwerkskunst, Schmuck und Bilder von ansässigen Künstlern. "Ein Laden der besonderen Art", hier finden

sie ganz sicher Ihr persönliches Geschenk. Freundliche und individuelle Beratung.

Betancuria

Souvenir Valtarajal (R)
C/ Valtarajal
Tel. 928878392

Delikatessen, Handarbeit, Kunst, Geschenke, einheimische Produkte, Verkostung von Käse, Mojo, etc.

Tiscamanita

Quesería Julián Ruiz (G)
C/ San Marcos s/n
Tel. 667669720
www.quesosjuliandiaz.com
28º 20' 40.62" / 14º 01' 53.15"

Käseverkauf aus eigener Produktion (jung, halbgereift und gereift). Preisgekrönte Firma (World Cheese Award 2009/ 1. Platz Bester Ziegenkäse auf nationaler Ebene / wiederholt Bester Ziegenkäse der Kanaren). Pioniere

auf der Insel in der Joghurtherstellung aus Ziegenmilch.

Tuineje

Sabores Canarios (G)
Carretera fv-2. Km 33. Rosa de la madera (Tequital).
Tel. 606592553

Inseltypische Produkte: Käse, Likör, Quark und aus Ziegenmilch gefertigte Desserts, Weine, Öle, Säfte, Kaktusfeigenmarmelade, Mojo, Kekse und Alfajores aus Gofio, im Holzbackofen gefertigtes Brot und Gebäck. Herstellung und Verpackung sämtlicher Produkte auf der Insel. Wer den Geschmack Fuerteventuras verschenken möchte, kommt um einen Besuch des "SABORES CANARIOS" nicht herum.

Gran Tarajal

Librería Tuareg (R)
Avda. de la Constitución, 25
Tel. 928162316

Auf kanarische Literatur spezialisiert. Exklusive Handarbeit.

Reiseführer, Jeeps, Fahrräder

Natural Adventure Team (R)
Tel: 928947753 / 664849411
info@natouraladventure.com
www.natouraladventure.com

Diese Firma bietet Ihnen die Möglichkeit während Ihres Kurzaufenthaltes andere versteckte Orte kennenzulernen oder sich über die Insel führen zu lassen. Wanderungen, Fahrten im Jeep oder auf Montainbikes, sowohl in der Gruppe als auch prívate Führungen sind möglich.

FUERTEVENTURA

CONOCER **FUERTEVENTURA** EN IMÁGENES

FUERTEVENTURA IN BILDERN

DISCOVER **FUERTEVENTURA** IN PICTURES

FUERTEVENTURA PAR LES IMAGES

FUERTEVENTURA *Imágenes para el recuerdo - Bilder für die Erinnerung - Memorable images*

LANZAROTE

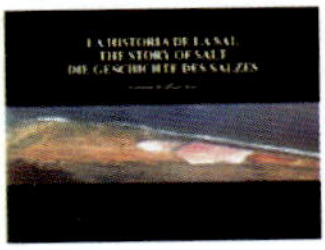

LA HISTORIA DE LA SAL

DIE GESCHICHTE DES SALZES

THE STORY OF SALT

1:100.000

FUERTEVENTURA

Fotografía aérea - Callejeros - Senderos - 4 x 4 - Bicicletas de montaña

Luftaufnahme - Stadtpläne - Wanderwege - Pisten 4 x 4 - Mountain Bike

Aerial photography - City maps - Foot-paths - Carriageways 4 x 4 - Mountain bike

1:62.500

LANZAROTE

Fotografía aérea - Callejeros - Senderos - 4 x 4 - Bicicletas de montaña

Luftaufnahme - Stadtpläne - Wanderwege - Pisten 4 x 4 - Mountain Bike

Aerial photography - City maps - Foot-paths - Carriageways 4 x 4 - Mountain bike

1:143.000

FUERTEVENTURA

Rutas - Routes - Routen

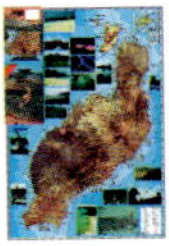

1:92.000

LANZAROTE